L. MIRMAN

AGRÉGÉ DES SCIENCES
PRÉFET DE MEURTHE-ET-MOSELLE

Sur la Tombe des Martyrs

Sur la Tombe des Héros

GERBÉVILLER 1916

BERGER-LEVRAULT

NANCY

Sur la Tombe des Martyrs

Sur la Tombe des Héros

GERBÉVILLER 1916

L. MIRMAN

AGRÉGÉ DES SCIENCES
PRÉFET DE MEURTHE-ET-MOSELLE

Sur la Tombe des Martyrs

Sur la Tombe des Héros

GERBÉVILLER 1916

Le Calvaire de Gerbéviller (Composition de V. Prouvé)

SUR LA TOMBE

DES MARTYRS DE GERBEVILLER [1]

LE pieux pèlerinage que, pour la deuxième fois, nous faisons à Gerbéviller, et que tant de visiteurs feront après nous au cours des ans, comporte deux stations : c'est que, aux yeux des hommes de notre race, la terre de Gerbéviller restera doublement et à jamais sacrée, sacrée par le sang des héros, sacrée par le sang des martyrs.

(1) Discours prononcé le 27 août 1916, à l'occasion du deuxième anniversaire des événements de Gerbéviller. Au milieu d'une foule immense et recueillie, le cortège officiel s'est rendu d'abord dans le vallon de la Presle, sur la tombe des quinze « otages », puis, de l'autre côté de la commune, auprès du modeste monument élevé en l'honneur des soldats de l'infanterie coloniale dont les tombes sont disséminées dans la prairie.

Ici, dans ce vallon de la Presle, sous cette sépulture modeste, au lieu même où ils sont tombés sous les balles des assassins, reposent quinze vieillards. Ce ne sont pas, hélas ! les seules victimes civiles que la sauvagerie allemande ait abattues, et le procès-verbal serait long qui énumérerait tous les crimes commis en cette seule et malheureuse commune. Des maisons volontairement incendiées, des femmes, des jeunes filles, des vieillards fusillés, des pères de famille égorgés dans des caves, des jeunes gens martyrisés devant leurs mères impuissantes et affolées, toute une organisation de meurtre scientifiquement élaborée et froidement conduite : ici, le juge d'instruction a recueilli déjà et trouvera encore les éléments du plus formidable des réquisitoires ; ici s'est déchaînée à son paroxysme la férocité d'une bête ivre de sang.

Les faits sont inscrits au livre de l'Histoire. Les coupables ont plaidé et nous connaissons leur défense. « Les civils — ont-ils dit — ont tiré sur nous. » Et la conscience hésite, ne sachant ce qu'elle doit le plus flétrir, ou la cruauté qui commet le crime ou le mensonge cynique qui prétend l'expliquer.

Non, il n'y a eu de coups de fusil tirés ici par des Français que ceux qui le furent par la section d'héroïques chasseurs à pied qui, ayant reçu de

leurs chefs la mission de défendre le pont de la
Mortagne et de protéger la retraite momentanée de
nos troupes, ont accompli magnifiquement leur
devoir. Misérable prétexte! Les Allemands ont
incendié et assassiné, parce que le chef (1) qui les
commandait, imbu des théories préconisées par le
haut État-major et ratifiées — j'allais dire sancti-
fiées — à leurs yeux par les maîtres de leur philo-
sophie, a voulu, par un acte de terrorisme, agir sur
l'opinion publique, faire vibrer, jusqu'au point où il
espérait la rompre, la sensibilité de l'adversaire,
jeter l'épouvante dans l'âme de notre nation et
détruire en elle les forces de résistance morale.
C'est la méthode de guerre inventée par l'Allemagne, et dont elle s'est glorifiée à l'heure où elle
espérait la victoire prochaine, et où elle ne pensait
pas avoir à redouter les conséquences de ses actes.
C'est cette méthode, appliquée en tant de nos communes lorraines, qui est désormais soumise au jugement de toutes les consciences où le sens moral n'a
pas été détruit par les fumées empoisonnées de la
Kultur.

Que chacun choisisse donc sa position en ce grand

(1) Le chef des assassins était le général *Clauss,* « dont la brutalité nous a été signalée ailleurs » (Rapport de la Commission
d'enquête, t. I, p. 29).

conflit moral. Il faut être pour ou contre. Il n'y a place que pour l'adhésion ou la flétrissure. Il ne peut y avoir de neutre. Il ne s'agit pas de combattre, mais de juger. Être neutre ici, c'est déclarer qu'on ne veut pas discerner le bien du mal, et c'est bien là la pire des lâchetés. Je méprise moins le pauvre sire qui, en âge de combattre et tremblant pour sa peau, s'ingénie à rester loin du front et s'embusque quelque part à l'abri du danger, que l'être orgueilleux ou veule qui s'embusque « au-dessus de la mêlée » et prétend, en son dilettantisme qui est un outrage au bon sens, tenir la balance égale entre les assassins et les victimes.

Qu'ils viennent ici, ceux qui n'osent pas conclure, qu'ils viennent aussi, tous ceux qui s'efforcent actuellement de semer la discorde entre les Français ou de répandre en leurs âmes le narcotique de l'oubli. Oui, s'ils sont de bonne foi dans leurs erreurs, qu'ils viennent, en ces lieux où le crime est écrit, se soumettre au traitement moral que nous avons reçu. Qu'ils viennent parmi nous, avec nous; nous respecterons leur noble souci de rechercher la vérité, nulle injure ne sortira de notre bouche, nous les prendrons par la main pour les conduire en des lieux comme celui-ci, et nous les supplierons de ne pas fermer leurs oreilles, leur raison et leur cœur aux leçons qui pour nous se dégagent de ces tombes.

8

J'ai vu, avant qu'ils fussent inhumés, les quinze vieillards ici couchés. Ils étaient étendus sur le sol; leurs faces étaient calmes; les fusils braqués des assassins n'avaient pas troublé leur auguste sérénité; plusieurs tenaient leur pipe à la main; leur front était tourné vers le ciel, et dans leurs yeux clos et sur leurs lèvres muettes j'ai lu cet appel adressé à la France :

« *Français,* — disaient-ils — *aimez-vous les uns les autres ! Français, restez unis pour vous souvenir et pour nous venger !* »

Dans l'âme de tout homme qui prendra la peine de compulser la liste de nos victimes, il est impossible que ne se fortifie pas la volonté d'union nationale. Le seul crime commis par tous ces martyrs et leur crime commun, c'est qu'ils étaient Français. Ils ont été choisis au hasard parmi des Français. Pauvres ou riches, prolétaires ou bourgeois, prêtres ou laïques, tous égaux, tous confondus en une même fraternité sacrée devant l'Allemand qui voulait des victimes. Les maires de nos communes, que divisaient naguère les controverses des partis, n'oublieront pas que pêle-mêle ils furent poussés, la crosse aux reins, dans des geôles allemandes, où, contrairement au droit, ils furent tenus, durant d'interminables mois, soumis aux mêmes privations et aux mêmes injures. Prêtres

et instituteurs lorrains, lorsque dans la commune
libérée et relevée de ses ruines ils reprendront leurs
fonctions distinctes et non opposées, n'oublieront
jamais qu'en entrant dans un village, l'ennemi leur a
fait le plus souvent l'honneur de les unir et de les
saisir ensemble comme otages et lorsque, sortant l'un
de son église, l'autre de son école, ils se rencontreront
sur la place publique, ils se tendront fraternellement
la main. Pour moi, je me souviendrai toujours de
l'émotion profonde que j'ai éprouvée le jour où je
reçus à la préfecture de Nancy, à son retour d'une
longue captivité, le curé de Gerbéviller (1); en cet
homme de soixante-six ans, qui d'abord destiné au
peloton d'exécution n'avait dû son salut qu'à l'inter-
vention courageuse d'un de nos soldats prisonniers,
en ce vieillard qui avait été frappé, jeté à terre,
souffleté, dont la figure avait été couverte de cra-
chats, je n'ai vu qu'un de ces frères de France sur
lesquels la haine et la fureur de l'ennemi s'étaient
abattues, et j'ai embrassé avec respect ces joues
rendues vénérables par l'outrage allemand.

Je plains les quelques Français qui, durant cette
guerre, n'ont pas goûté le charme pénétrant de cette

(1) M. l'abbé Vanat n'a été libéré que le 6 novembre 1915 ; il
est rentré en France et j'ai eu l'honneur de le recevoir à Nancy
avec M. l'abbé Gillot, curé de Chenevières, et M. l'abbé Edmond
(72 ans), curé de Flin.

union sacrée; je plains ceux, s'il s'en trouve, qui n'attendent que la fin des hostilités pour s'en défaire comme d'un fardeau gênant. Acceptée dès le premier jour comme un devoir, elle est devenue pour la masse de la nation une chère habitude et comme un besoin du cœur, et lorsque la vie du pays aura repris son cours normal dans la divergence, l'émulation, l'opposition nécessaire et, à certains égards, féconde des partis, j'espère bien que dans l'âme de l'immense majorité d'entre nous cette union subsistera sous la forme définitive d'une fraternité française, que nulle diversité de croyances religieuses, de préférences politiques et d'aspirations sociales ne pourra détruire.

« *Soyez unis* », ont dit aux Français les yeux clos et les lèvres muettes de nos martyrs. Et ces yeux et ces lèvres leur ont dit aussi : « *Souvenez-vous !* » Oh ! oui, nous nous souviendrons. Nous nous souviendrons des victimes, mais aussi des bourreaux. L'oubli serait pour nous une complicité. Je sais bien que nul ne commettra le crime d'oubli, de tous ceux qui auront vécu en ces marches de Lorraine durant ces jours tragiques. Mais le reste de la nation, mais tous ceux de nos frères qui demeurent loin d'ici, en des villes que le crime allemand n'a pas ensanglantées et que la bataille n'a pas meur-

tries, ne laisseront-ils pas la poussière des ans effacer
de leur mémoire le souvenir de ces attentats? Il
n'en ont pas eu l'impression directe et profonde.
Ils ont lu les récits des crimes il y a de longs mois
déjà: ils les ont parcourus d'un regard distrait,
puisque ces récits parurent dans un numéro de leur
journal entre deux communiqués, entre deux récits
de combats. Est-ce que le fracas de la bataille n'a
pas couvert déjà les râles des victimes civiles?
Est-ce que l'attention de la France peut se détourner
longtemps des exploits héroïques de ses armées pour
se fixer sur ces épisodes sans grandeur où la cruauté
de la Bête de proie allemande s'est affirmée? Et
n'est-il pas conforme aux traditions et au génie de
la France de garder la mémoire de ce dont elle a le
droit d'être fière plutôt que des raisons qu'elle
aurait d'entretenir contre autrui sa colère et sa
haine?

J'ai peur. Oui, j'ai froid au cœur à l'idée que tant
de Français pourraient, cette fois encore, oublier.
Puisse la *Ligue du Souvenir* se créer(¹)! Que des volu-
mineux rapports établis, avec la plus haute conscience, par la Commission d'enquête officielle, elle
tire une édition populaire, résumée, de lecture facile;
qu'elle fasse éditer cette brochure à des millions

(1) La *Ligue du Souvenir* a été créée le lendemain.

d’exemplaires, qu’elle en inonde ces régions de
France où le ciel est plus bleu, où l’air est plus
doux, où la vie est moins rude, et dont les habitants
n’ont pas eu le spectacle d’ennemis incendiant les
maisons, fusillant les enfants et les femmes, martyri-
sant la population paisible, souffletant les prêtres,
comme à Gerbéviller, brûlant vif le rabbin, comme à
Lunéville, exécutant une femme enceinte sur le
porche d’une église, comme à Embermenil. Que ces
livres du Souvenir soient lus dans chaque commune
de l’arrière pendant les veillées d’hiver. Qu’ils soient
lus à haute voix par l’instituteur, le jeudi et le
dimanche. *Il faut que ces faits soient connus de tous,
et non pas de façon superficielle, comme un fait divers
parcouru aujourd’hui, oublié demain, mais comme doivent être connus de la nation les événements graves qui
touchent à son honneur et à sa vie morale.* Ce n’est pas
tout. Je voudrais que les maires des 36.000 communes de France fussent amenés ici par série, non
pour un voyage de plaisir, mais pour un pèlerinage
d’instruction et de douleur ; quand ces maires rentre-
raient chez eux, ils diraient à leurs concitoyens :
« J’ai vu », et les récits des attentats, illustrés par
ces images visuelles rapportées du théâtre du crime,
resteraient gravées dans les âmes.

Le jour où la nation, ainsi instruite, saura
— comme un enfant sait son catéchisme la veille de

sa première communion, ou sa table de multiplication la veille de son certificat d'études — *ce que les Allemands ont fait,* elle prendra ses responsabilités en toute connaissance de cause, elle décidera si, comme certains l'y invitent, elle doit pardonner ou même oublier.

Et je ne sais pas ce qu'elle décidera, ou plutôt je ne sais pas dans quelle mesure la force des armées alliées pourra exécuter sa décision. Mais voici ce que j'affirme : après le tumulte prodigieux de cette guerre, l'humanité aura un besoin immense d'ordre, d'ordre matériel et surtout d'ordre moral; or, il n'est pas d'ordre possible quand les crimes restent impunis; il n'est pas d'ordre possible quand le criminel marche libre et le front haut au milieu des hommes. Si donc les tortionnaires de Gerbéviller, de Nomeny, de Badonviller, si les assassins de la Belgique, si les bandits qui coulèrent le *Lusitania,* si les assassins de Miss Cavell, d'Eugène Jacquet, de Battisti et du capitaine Fryatt, si les bourreaux de l'Arménie, si les chefs qui, *les premiers* (¹), par canons à longue

----

(1) Je dis « les premiers ». Nous avons réclamé des représailles non de vengeance, mais de *défense.* Ces représailles sont pour nous le seul moyen de protéger nos enfants, et nous avons le *devoir* de l'employer. Nous rendons les Allemands responsables du sang innocent qu'ils nous obligent à verser. Nous les haïssons de nous contraindre à user de telles armes de défense (j'en pourrais dire autant des gaz asphyxiants et des liquides enflammés).

portée ou avions, lancèrent des bombes sur les villes
ouvertes, au milieu de populations laborieuses, sans
aucun but militaire, avec la seule intention et la
seule possibilité de tuer au hasard des non-combat-
tants, si les auteurs responsables de tant d'atrocités
ne sont pas personnellement châtiés; si les plus coupables de tous peut-être, c'est-à-dire les hommes de
proie qui déchaînèrent le fléau de guerre sur le
monde, ne sont pas les premiers frappés à la tête,
si les potences ou les échafauds des principaux criminels ne sont pas dressés près des tombes des victimes, si un tel malheur arrive, ah! l'on pourra signer
des traités modifiant les frontières, changeant les
régimes économiques, chiffons de papier que les
Bethmann-Hollweg de l'avenir déchireront à leur
tour, mais j'affirme que dans cette Europe nouvelle
la statue de la Justice devra rester voilée, et que
cette calamité, pire que toutes les catastrophes ma-
térielles, sévira sur le monde : *l'homme ne croira plus
au droit, et la notion du bien et du mal sera obscurcie
en son âme.*

Nous tous, frères et sœurs de Lorraine, qui sommes
venus ici non pour satisfaire une vaine curiosité,
mais pour recueillir sur cette tombe un haut ensei-
gnement, faisons ensemble le serment que, quoi
qu'il arrive, nos cœurs resteront fidèles à l'exhor-
tation de nos martyrs et que, unis les uns aux

autres par des liens désormais indestructibles de fraternité française, ils sauront garder en eux comme un dépôt sacré et le souvenir respectueux des victimes, et, jusqu'à l'heure du châtiment, l'exécration de leurs bourreaux.

SUR LA TOMBE

DES HÉROS DE LA MORTAGNE

Nous avons honoré, dans la vallée de la Presle, les martyrs de Gerbéviller ; poursuivant notre pieux pèlerinage, nous venons sur cette colline sacrée honorer les héros de la Mortagne (1).

Ici, dans cette région dont Gerbéviller est le centre et qui au sud de la vallée s'étend jusqu'à Rozelieures, s'est déroulé un des actes les plus tragiques du grand drame. L'enjeu, c'était le salut de la France, et chacun a compris depuis que c'était encore quelque chose d'autre et, s'il est per-

(1) La Mortagne est une rivière qui prend sa source dans les Vosges, passe à Ramberviller et se jette dans la Meurthe à Mont-sur-Meurthe, entre Lunéville et Nancy.

mis à des lèvres françaises de prononcer ces mots
sans blasphème, que c'était quelque chose de supé-
rieur même au salut de la France : en cette bataille
gigantesque, qui a ensanglanté notre sol des rives de
l'Ourcq jusqu'aux Vosges, se sont décidées les desti-
nées du monde.

Oui, si l'Allemagne avait réussi, en août et -sep-
tembre 1914, le coup que depuis longtemps elle
méditait et pour le succès duquel elle avait élaboré
dans l'ombre, avec une méthode minutieuse, d'im-
menses préparatifs; si ses divisions triomphantes
s'étaient emparées de Paris; si elle avait rejeté nos
armées au sud de la Loire, devenant ainsi maîtresse
des côtes de la Manche, maîtresse de la Normandie,
de l'Ile-de-France, de la Champagne et de la Lorraine, réduisant dans une proportion formidable
notre production industrielle, constituant à Calais
des bases d'opération contre l'Angleterre, empê-
chant celle-ci d'envoyer sur le continent, par une
route rapide et sûre, ses armées improvisées; si ce
malheur s'était abattu sur notre pays, la France, en
dépit de la résistance désespérée qu'elle aurait
opposée, n'aurait pu sans doute sauver que l'honneur : les masses germaniques, libres pour un long
temps du côté de l'Occident, se seraient retournées
vers l'Est, auraient écrasé la Russie, la frappant

jusque dans ses œuvres vives; l'Allemagne deve-
nait la maîtresse incontestée de l'Europe, et le
monde entier eût été soumis à sa loi.

Ainsi se serait réalisé le rêve germain. Depuis
cinquante ans en effet, toute la race allemande avait
été élevée dans cette idée que l'Allemagne était la
nation choisie par Dieu pour dominer le monde,
que l'Evangile et les droits de l'homme étaient des
conceptions périmées et désuètes, et que la *Kultur*,
appuyée sur la force des baïonnettes, était destinée
à devenir la charte morale et le statut social de
l'humanité.

La victoire de la Marne a dissipé ce cauchemar.
Pour la première fois depuis un siècle les armées
allemandes étaient battues. Pour la première fois
depuis un siècle, le monstre qui se croyait invincible
— et que presque toutes les nations du monde
avaient fini par juger invulnérable — était contraint
de reculer et, pour échapper au désastre, de se terrer
en des tranchées profondes comme des cavernes,
derrière des remparts de fils de fer barbelés, afin de
se mettre en état de soutenir la nouvelle guerre, la
guerre de siège qui commençait.

Oui, en août et septembre 1914, le monde a été
sauvé de la plus effroyable et de la plus abjecte des
tyrannies; — je dis *la plus abjecte*, parce que cette

tyrannie eût été faite, comme dans tous les pays
conquis par l'Allemagne, de violence et d'hypocrisie,
parce que chaque abus de pouvoir, chaque crime
contre le droit des gens, commis par une autorité
allemande, voit se dresser immédiatement, sortant
du temple, de l'église, des universités, toute la
cohorte servile des pasteurs, des prêtres et des
docteurs allemands, unis non seulement pour ab-
soudre, mais pour glorifier les bourreaux au nom de
la *Kultur* ; — et je dis la tyrannie *la plus effroyable*,
parce qu'une fois installée sur l'Europe et sur le
monde, servie par une méthode d'organisation
contre laquelle les révoltes individuelles eussent été
vaines, elle eût tenu sa proie pour un temps impossible à mesurer, et parce que l'imagination n'entre-
voit pas les circonstances qui eussent permis au
monde de se libérer.

Si donc la France vit encore dans son indépen-
dance et sa force, si le monde civilisé a été mis à
l'abri de cette calamité qui eût été unique dans
l'histoire, l'honneur impérissable en revient à tous
ceux qui ont participé à cette victoire de la Marne ;
aussi tous, officiers et soldats, du généralissime au
plus humble des combattants, nous les confondons
en un même salut respectueux.

Les héros du front de Lorraine ont joué à cette
heure tragique un rôle glorieux entre tous ; si la

charnière de l'Est avait été rompue, le flot des en-
vahisseurs dévalant par la trouée de Charmes aurait
fait plier toute notre ligne. Ce n'est pas seulement
sur l'Ourcq que Paris fut sauvé, c'est à Sainte-Geneviève, à Amance (¹), dans toute la marche de Lorraine, c'est aussi sur ces rives de la Mortagne, sur ce
sol que nous foulons aux pieds, où reposent les héros
auxquels nous venons offrir aujourd'hui, avec des
fleurs et des couronnes, l'hommage de notre pieuse
reconnaissance.

Certes, après ces journées inoubliables de 1914,
le ciel ne fut pas du coup éclairci; une menace
subsista, dont nous avons longtemps supporté le
poids et l'angoisse. Il y a six mois, notre expédition
aux Dardanelles avait échoué. La Russie envahie
paraissait avoir besoin de longs mois pour reconsti-
tuer ses forces, l'Angleterre n'avait pas encore
outillé et instruit les puissantes armées qu'elle avait
fait sortir de son sol, la France elle-même était loin
d'avoir achevé sa préparation industrielle, toutes les
nations alliées regardaient avec angoisse les aiguilles
tourner au cadran des heures, sentant leur nécessité

(1) Le mont d'Amance est à 9 kilomètres à l'est, le mont de
Sainte-Geneviève à 18 kilomètres au nord de Nancy ; ce sont des
points importants de la série de hauteurs connue sous le nom
désormais inoubliable du « Grand Couronné de Nancy ».

commune de disposer d'un long délai pour mettre au point leur armature de guerre; c'est alors que l'Allemagne, après avoir réuni, en canons de tous calibres et en hommes, la plus formidable concentration de forces destructives que l'histoire de la guerre ait jamais enregistrée, lança sur Verdun son ouragan de feu. Si la barrière des poitrines françaises, des cœurs français, s'était rompue, de graves événements auraient surgi et, pour un instant au moins, la balance de la destinée aurait penché en faveur de l'Allemagne. Les cœurs français n'ont pas cédé. Que dire de ces soldats, sinon que leur résistance héroïque a arraché des cris d'admiration à toutes les nations du monde, et que, dans certains pays alliés ou simplement amis, lorsque le nom de Verdun est prononcé à table au cours d'une conversation, tous les assistants se lèvent, silencieux et recueillis, offrant par ce rite spontané à nos soldats de France le plus émouvant des tributs!

Saluons donc ici à notre tour, avec les héros de la Mortagne, ceux qui à Verdun ont crié sous la rafale de fer et de feu : « Ils ne passeront pas », ceux qui ayant fait ce serment se sont sacrifiés magnifiquement pour y demeurer fidèles et ont permis ainsi aux nations alliées de préparer les armées et les armes qui vont maintenant abattre le monstre.

Et à ceux de la Marne, à ceux de Verdun, unissons tous les soldats de France, soldats de toutes les armes, de toutes les origines, de toutes les provinces, de toutes les classes sociales, soldats des armées de terre et de mer, ceux qui combattent en France et ceux qui combattent à Salonique, — et ceux aussi qui, esclaves du plus pur des devoirs, loin des grandes batailles, en Afrique, en Asie, éteignent de leur sang les incendies partiels allumés par l'intrigue allemande — saluons, le front découvert, l'humilité dans le cœur, fiers seulement d'appartenir à la même famille qu'eux, tous les enfants de France qui, d'une même âme, avec le même courage, ont défendu depuis deux ans et défendent à l'heure présente le *Drapeau !*

Messieurs, dans la vallée de la Presle, après avoir honoré près de la tombe des quinze otages tous les martyrs de Gerbéviller, le visiteur, élargissant le champ de sa vision de douleur, évoque le souvenir de tous les incendies, de tous les assassinats, de tous les crimes commis en d'autres lieux par les Allemands en violation des lois de la guerre, du droit des gens, des principes traditionnels qui constituent le fond solide de la morale humaine, et, impuissant à dresser la liste complète de ces attentats, il laisse

monter à ses lèvres un cri de malédiction et de haine
contre l'Allemagne.

Ici, toute haine s'apaise, un sentiment de fierté
sereine emplit nos âmes; évoquant la mémoire des
héros de la Mortagne et de tous les héros de France,
c'est la France elle-même, — la France qui vit de
leurs sacrifices, la France qui vit parce qu'ils sont
morts — qui s'offre à nos yeux, et de notre cœur à
nos lèvres monte un hymne d'amour :

O France bien-aimée, patrie douce et puissante,

*Toi qui, pour assurer à tes enfants et au monde
entier les bienfaits de la paix, consentis à subir de si
longues humiliations, et que l'orgueilleuse démence
d'une nation de proie a contrainte à tirer l'épée,*

*Toi qui étais naguère divisée et qui, à l'heure du
péril, t'es retrouvée subitement Une et Indivisible,*

*Toi qui paraissais parfois te complaire en des élé-
gances frivoles et te griser uniquement du bruit des
controverses, et qui, devant l'ennemi, t'es dressée d'un
seul bond, souple et robuste, silencieuse et grave, les
dents serrées, n'ayant plus qu'une volonté : « Vaincre
ou mourir »,*

*France, pour qui tant de jeunes hommes se sont offerts
à la mort avec une magnifique allégresse,*

France, pour qui ceux-là mêmes de tes enfants égarés qui la veille affectaient de te renier ont fait si vaillamment le sacrifice de leur vie, effaçant ainsi de leur sang aux plis de ta robe blanche la boue de leur sacrilège.

France, à qui tant de mères ont sans faiblesse donné leurs enfants, tant de femmes leurs époux, tant de jeunes filles leurs fiancés,

France, qui, sur la Marne, puis à Verdun, as, de ta petite main blanche et nerveuse, pris le monstre boche à la gorge, qui l'as arrêté, qui l'as contraint à reculer, sauvant ainsi l'Europe et le monde.

France, qu'en dehors des fils de Germanie tout homme vénère comme une seconde patrie.

France, qui, durant ces années tragiques, as suscité l'admiration de toute l'élite humaine par l'héroïsme et la modestie de tes combattants, par le labeur de tes industries, par l'union morale de tes citoyens et leur fermeté dans l'épreuve.

O France bien-aimée, patrie douce et puissante,

Puisses-tu, dans la paix, ne point descendre des sommets que pendant la guerre tu as gravis !

Puisses-tu demeurer digne du prestige incomparable que tes vertus t'ont conquis !

Puissent les hommes continuer à aimer en toi la nation spirituelle et laborieuse, sérieuse dans l'action et gaie dans les propos, compatissante et forte !

Puisses-tu te maintenir toujours aussi loin de l'anarchie qui dissout les énergies que du caporalisme qui les brise, et chaque jour concilier plus intimement en toi les impérieuses nécessités de la discipline sociale et ton noble souci de liberté individuelle !

Puisses-tu travailler avec une ferveur croissante à l'œuvre commune du progrès humain, non pas, selon le rêve allemand, dans un monde asservi à ta règle et courbé devant toi, mais dans l'harmonieuse diversité et la féconde émulation des peuples libres !

Puisses-tu rester ainsi toi-même impénétrable à la Kultur et fidèle à ton génie !

O France bien-aimée, patrie douce et puissante,

Lorsque après la victoire les partis politiques indispensables à la vie normale d'un grand pays se reconstitueront, puissent-ils, par déférence pour toi, conserver quelque chose de l'Union sacrée qui fait aujourd'hui ta parure et ta force, et observer, à travers les oppositions et les chocs des idées, le respect fraternel des personnes !

Puissent-ils, par pitié pour toi, consacrer tout d'abord

leur activité et leur zèle à relever tes ruines, à panser tes plaies, à réparer tes forces, et, par un ensemble de mesures d'hygiène et d'assistance sociales, à protéger ta race menacée !

Puissent-ils, par amour pour toi, *ne rivaliser d'ardeur que pour ton bien, ne se proposer d'autre fin que ta richesse matérielle et morale, et maintenir toujours au-dessus d'eux, comme témoin de leurs délibérations, comme arbitre de leurs luttes et juge suprême de leurs actes, la haute et noble figure de la Patrie !*

En mon nom, au nom de mes enfants, au nom de tous mes frères et sœurs de France qui, par leur présence ou leur pensée, s'associent à notre pèlerinage de ce jour, je prends les héros qui reposent sous cette tombe comme gardiens de notre serment : « Nous jurons ici d'être à jamais fidèles à la mémoire de ceux qui sont morts ; nous jurons de les honorer en suivant leurs leçons ; nous jurons de servir passionnément la France qu'ils ont sauvée et grandie par leurs sacrifices. »

Salut aux héros de la Mortagne !

Vive la France !

QUELQUES-UNS DE LEURS CRIMES

Pɴ décret du 23 septembre 1914, le Gouvernement a institué une Commission chargée de « procéder sur place à une enquête relativement aux actes commis en violation du droit des gens dans les parties du territoire français que l'ennemi a occupées et qui ont été reconquises par les armées de la République ».

Cette Commission, composée de M. G. Payelle, premier président de la Cour des Comptes, de M. A. Mollard, ministre plénipotentiaire, de M. G. Maringer, conseiller d'État, et de M. E. Paillot, conseiller à la Cour de cassation, a déjà présenté à M. le Président de la République plusieurs rapports.

« Nous avons, est-il dit dans le premier de ces rapports, soumis à une critique sévère et à un contrôle rigoureux chacun des éléments d'information qui se sont présentés à notre examen. Nous n'avons cru devoir retenir que les faits qui, irréfragablement établis, constituaient d'une façon certaine des abus criminels nettement caractérisés, négligeant ceux dont les preuves étaient insuffisantes à nos yeux ou qui, si dommageables et cruels qu'ils fussent, pouvaient avoir été la conséquence d'actes de guerre proprement dits. »

Voici quelques-unes des *conclusions* de la Commission d'enquête relatives à Gerbéviller et à diverses communes voisines (1) :

De même que Nomeny (2), la jolie ville de *Gerbéviller*, au bord de la Mortagne, a été, dans des conditions effroyables, victime de la fureur allemande. Le 24 août, les troupes ennemies s'y heurtèrent à la résistance héroïque d'une soixantaine de chasseurs à pied qui leur infligèrent de grosses pertes. Elles s'en vengèrent durement sur la population civile. Dès leur entrée dans la ville, en effet, les Allemands se livrèrent aux pires excès, pénétrant dans les habitations en poussant des hurlements féroces, brûlant les édifices, tuant ou arrêtant les habitants, et n'épargnant ni les femmes ni les vieillards. Sur quatre cent soixante maisons, vingt au plus sont encore habitables. Plus de cent personnes ont disparu, cinquante au moins ont été massacrées. Les unes ont été conduites dans les champs pour y être fusillées, les autres ont été assassinées dans leurs demeures, ou abattues au passage dans les rues quand elles essayaient de fuir l'incendie. Trente-six cadavres ont été jusqu'à présent identifiés : ce sont ceux de MM. Barthélemy, Blosse

(1) Rapports et procès-verbaux de la Commission d'enquête. Tome I, p. 27 et suiv.

(2) A Nomeny, toutes les maisons ont été incendiées à la main, 46 personnes ont été fusillées, 7 asphyxiées dans leurs caves, 2 sont mortes quelques jours après de leurs blessures, 14 furent grièvement blessées, etc... (Voir, à ce sujet, André Viriot, *Les Allemands à Nomeny*.)

père, Robinet, Chrétien, Remy, Bourguignon, Perrin, Vuillaume, Bernasconi, Gauthier, Menu, Simon, Lingenheld père et fils, Benoît, Calais, Adam, Caille, Lhuillier, Legré, Plaid, âgé de quatorze ans, Leroi, Bozzolo, Gentil, Dehan (Victor), Dehan (Charles), Dehan fils, Brennwald, Parisse, Yong. François, secrétaire de mairie ; de Mmes Finot, Courtois et Guillaume, et des demoiselles Perrin et Miquel.

Quinze de ces pauvres gens ont été exécutés au lieu dit la Presle. Ils ont été enterrés par leurs concitoyens, le 12 ou le 15 septembre.

Le 16 octobre, au lieu dit le Haut-de-Vormont, on a découvert, enfouis sous quinze ou vingt centimètres de terre, dix cadavres de civils portant des traces de balles et ayant tous les yeux bandés. On a trouvé sur l'un d'eux un laissez-passer au nom de Seyer (Édouard), de Badonviller. Les neuf autres victimes sont inconnues. On croit que ce sont des habitants de Badonviller qui ont été amenés par les Allemands sur le territoire de Gerbéviller pour y être fusillés.

Dans les rues et dans les maisons, pendant la journée de carnage, les scènes les plus tragiques se sont produites.

Dans la matinée, les ennemis pénètrent chez les époux Lingenheld, se saisissent du fils, âgé de trente-six ans, qui portait le brassard de la Croix-Rouge, lui lient les mains derrière le dos et le traînent dans la rue où ils le fusillent ; puis ils reviennent chercher le père, un vieillard de soixante-dix ans. La dame Lingenheld prend alors la fuite. En se sauvant, elle voit son fils étendu sur le sol. Comme le malheureux remue encore, des Allemands l'arrosent de pétrole auquel ils mettent le feu, en présence de la mère terrifiée. Pendant ce temps, on conduit Lingenheld père à la Presle, où il est exécuté.

Au même moment, des soldats frappent à la porte d'une maison occupée par le sieur Dehan, sa femme et sa belle-mère, la veuve Guillaume, âgée de soixante-dix-huit ans. Celle-ci, qui va leur ouvrir, est fusillée à bout portant et tombe dans les bras de son gendre qui accourt derrière elle. « Ils m'ont tuée,

s'écrie-t-elle, portez-moi dans le jardin. » Ses enfants lui
obéissent, l'installent au fond du jardin, avec un oreiller sous
la tête et une couverture sur les jambes, puis vont eux-mêmes
s'étendre le long d'un mur pour éviter les projectiles. Au bout
d'une heure, quand la dame Guillaume est morte, sa fille l'en-
veloppe dans sa couverture et lui place un mouchoir sur le
visage. Presque aussitôt les Allemands font irruption dans le
jardin. Ils emmènent Dehan, pour le fusiller, à la Presle et
conduisent sa femme sur la route de Fraimbois, où elle trouve
une quarantaine de personnes, principalement des femmes et
des enfants, entre les mains de l'ennemi, et où elle entend un
officier d'un grade élevé crier : « Il faut fusiller ces enfants et
ces femmes. Tout cela doit disparaître. » La menace ne fut
pourtant pas suivie d'effet. Rendue le lendemain à la liberté,
Mme Dehan put rentrer à Gerbéviller vingt et un jours plus
tard. Elle est convaincue, et tous ceux qui ont vu le cadavre
partagent cette opinion, que le corps de sa mère a été profané.
Elle l'a, en effet, retrouvé étendu sur le dos, les jupes relevées,
les jambes écartées et le ventre ouvert.

A l'arrivée des Allemands, le sieur Perrin et ses deux filles,
Louise et Eugénie, étaient allés se réfugier dans leur écurie. Des
soldats y pénètrent, et l'un d'eux, apercevant la jeune
Louise, lui tire à bout portant un coup de fusil à la tête.
Eugénie parvient à s'échapper ; mais son père est arrêté dans
sa fuite, placé parmi les victimes qu'on conduit à la Presle et
fusillé avec elles.

Le sieur Yong, qui sort pour mettre son cheval au manége,
est abattu devant chez lui. Les Allemands, dans leur fureur,
tuent le cheval après le maître et mettent le feu à la maison.
D'autres soulèvent la trappe d'une cave dans laquelle sont
cachées plusieurs personnes et tirent des coups de fusil dans la
direction de celles-ci. La dame Denis Bernard et le jeune Par-
mentier, âgé de sept ans, sont blessés.

Vers 5 heures du soir, la dame Rozier a entendu une voix
suppliante crier : « Pitié, pitié ! » Ces cris venaient de l'une

des deux granges voisines appartenant aux sieurs Poinsard et Barbier. Or, un individu qui servait d'interprète aux Allemands a déclaré à une dame Thiébaut que ceux-ci s'étaient vantés d'avoir brûlé vif, dans l'une de ces granges, un père de famille de cinq enfants, malgré ses supplications et ses appels à leur pitié. Cette déclaration est d'autant plus impressionnante qu'on a trouvé dans la grange Poinsard les débris d'un corps humain carbonisé.

A côté de ce carnage, d'innombrables actes de violence ont été commis. La femme d'un mobilisé, la dame X..., a été violée par un soldat, dans le corridor de ses parents, tandis que sa mère, sous la menace d'une baïonnette, était obligée de se sauver.

Le 29 août, la supérieure de l'hospice, sœur Julie, dont le dévouement a été admirable, s'étant transportée à l'église paroissiale, pour se rendre compte, avec un prêtre mobilisé, de l'état intérieur de l'édifice, constata que la porte en acier du tabernacle avait été l'objet d'une tentative d'effraction. Les Allemands, pour parvenir à s'emparer d'un vase sacré, avaient tiré des coups de fusil autour de la serrure. La porte était traversée en plusieurs endroits, et le passage des balles y avait formé des trous presque symétriques, ce qui prouvait qu'on avait tiré à bout portant. Quand la religieuse l'ouvrit, elle trouva le ciboire perforé.

Les excès et les crimes qui ont été commis à Gerbéviller sont principalement l'œuvre des Bavarois. Les troupes qui s'y sont livrées étaient sous le commandement du général *Clauss*, dont la brutalité nous a aussi été signalée ailleurs.

Situé à proximité de Lunéville, le village de *Chanteheux* ne fut pas plus épargné. Les Bavarois qui l'occupèrent du 22 août au 12 septembre y brûlèrent vingt maisons par leurs procédés habituels et y massacrèrent, le 25 août, neuf personnes.

Tous les otages que les ennemis ont pris dans la commune ont eu à subir des violences et des outrages. Avant de mettre

le feu au village. on les avait adossés au parapet d'un pont
tandis que les troupes passaient en les brutalisant. Comme un
officier les accusait d'avoir tiré sur les Allemands. l'instituteur
lui donna sa parole d'honneur qu'il n'en était rien : « Cochon
de Français. répliqua l'officier, ne parlez pas d'honneur. vous
n'en avez pas. »

A *Deuxville*. où l'ennemi incendia volontairement quinze
maisons. le maire Bajolet et le curé Thiriet furent arrêtés et
assassinés.

A *Maixe*. les Allemands ont incendié trente-six maisons et
ont massacré. toujours sous le prétexte qu'on avait tiré sur
eux. les sieurs Gaucon. Demange. Jacques. Thomas. Chaudre.
Simonin. Vaconet. de Grand (Vosges). et la dame Beurton.
Gaucon. arraché de chez lui. fut précipité sur un tas de fumier,
où un soldat le tua d'un coup de fusil au ventre. Demange.
blessé aux deux genoux. dans sa cave. parvint à se traîner
jusqu'à sa cuisine. Les Allemands mirent le feu à la maison,
empêchèrent la dame Demange de porter secours à son mari
et laissèrent brûler leur victime dans l'immeuble incendié.

Dans le même village. la demoiselle X.... âgée de vingt-trois
ans. a été violée par neuf Allemands pendant la nuit du 23 au
24 août. sans qu'un officier, qui couchait au-dessus de la chambre dans laquelle se passait cette ignoble scène, jugeât à propos
d'intervenir. bien qu'il entendît certainement les cris de la jeune
fille et le bruit fait par les soldats.

Le château de Bauzemont a été envahi le 22 août. Vers le
quinzième jour de l'occupation. sont arrivées des automobiles
dans lesquelles étaient installées plusieurs femmes d'officiers de
l'état-major allemand. On y a chargé tout ce qui avait été volé
dans le château. notamment de l'argenterie. des chapeaux et
des robes de soie. Le 21 octobre. le lieutenant-colonel comman-
dant le ...e régiment d'infanterie française a pris possession de
cet édifice. Il l'a trouvé dans un état de désordre et de saleté

repoussant. Les meubles étaient ouverts et fracturés. Le plancher
de la salle de billard était couvert de matière fécale. Dans la
chambre à coucher, qui avait été habitée par le général allemand, chef de la 7ᵉ division de réserve, régnait une odeur
infecte. Le placard placé à la tête du lit contenait du linge de
toilette et des rideaux de mousseline remplis d'excréments.

À *Rehainviller*, le 26 août, les Allemands ont empoigné
dans la rue le curé Barbot ainsi que le sieur Noircler. Les cadavres de ces deux hommes ont été retrouvés longtemps après,
enterrés dans les champs, à quelques centaines de mètres du
village. Leurs corps étaient en pleine décomposition. On n'a
pas pu, pour cette raison, relever les blessures que le curé
avait reçues ; quant à Noircler, sa tête était placée dans la fosse
à côté du reste de son corps, à la hauteur de la hanche.

Dans cette commune, vingt-sept maisons ont été brûlées.

M. l'abbé Mathieu, curé de *Fraimbois*, a été arrêté, le
29 août, sous le prétexte faux qu'on avait tiré sur les Allemands
dans sa paroisse. Au cours de sa captivité, qui a duré seize
jours, il a assisté à l'assassinat de deux de nos compatriotes,
M. Poissonnier, de Gerbéviller, et M. Victor Meyer, de Fraimbois. Le premier, un infirme qui se tenait à peine sur ses jambes,
était accusé d'avoir suivi les armées pour se livrer à l'espion-
nage ; le second avait été arrêté parce que sa fillette avait
ramassé un morceau de fil téléphonique brisé par des shrapnells.
Un matin, vers 6 heures, les officiers bavarois procédèrent à un
simulacre de jugement, en lisant un document rédigé en allemand et en faisant voter huit ou neuf jeunes lieutenants auxquels on avait remis des bulletins. Condamnés à l'unanimité,
les deux hommes furent avertis qu'ils allaient mourir, et le
prêtre fut invité à leur donner les secours de la religion. Ils pro-
testèrent de leur innocence, en suppliant et en pleurant, mais
on les contraignit à s'agenouiller contre un talus de la route, et

un peloton de vingt-quatre soldats placés sur deux rangs fit feu sur eux par deux fois.

A *Hériménil*, le 29 août, l'ennemi, qui y était arrivé le 24, s'est rendu coupable de faits monstrueux. Les habitants ont été invités à se rendre dans l'église et y ont été maintenus pendant quatre jours, tandis que leurs maisons étaient pillées et que les Français bombardaient le village. Vingt-quatre personnes ont été tuées par un obus à l'intérieur de l'édifice. Comme une femme qui avait pu à grand'peine sortir un instant revenait avec un peu de lait pour les enfants, un capitaine, furieux de voir qu'on avait laissé passer cette prisonnière, s'écria : « Je ne voulais pas qu'on ouvrît la porte. » Ce même capitaine venait d'ailleurs de commettre, peu de temps auparavant, un acte de cruauté révoltant. Ayant assisté, le monocle à l'œil, à la sortie jugée par lui trop lente de Mme Winger, jeune femme de vingt-trois ans qui, pour obéir à l'ordre général, se dirigeait vers l'église avec ses domestiques, une fille et deux jeunes hommes âgés tous trois de dix-huit ans, il avait, par un mot bref, commandé à ses soldats de faire feu, et les quatre victimes s'étaient abattues mortellement frappées. Les Allemands laissèrent les cadavres dans la rue pendant deux jours.

Dans une commune du département de Meurthe-et-Moselle, deux religieuses ont été, pendant plusieurs heures, exposées sans défense à la lubricité d'un soldat qui, en les terrorisant, les a obligées à se dévêtir, et, après avoir contraint la plus âgée à lui enlever ses bottes, s'est livré sur la plus jeune à des pratiques obscènes. Les engagements que nous avons pris ne nous permettent pas de faire connaître les noms des victimes de cette scène abominable ni celui du village dans lequel elle a eu lieu, mais les faits nous ont été révélés sous la foi du serment par des témoins dignes de la plus entière confiance, et nous prenons la responsabilité d'en certifier l'exactitude.

36

A la fin d'octobre, une patrouille ennemie ayant rencontré
dans les environs d'*Emberménil* une jeune femme, Mme Masson,
dont l'état de grossesse était très apparent, l'interrogea sur le
point de savoir s'il n'y avait pas de soldats francais à Emberménil. Elle répondit qu'elle l'ignorait, ce qui était vrai. Les
Allemands étant alors entrés dans le village, y furent reçus à
coups de fusil par les nôtres. Le 5 novembre, un détachement
du 4e bavarois arriva et rassembla tous les habitants devant
l'église, puis un officier demanda quelle était la personne qui
avait trahi. Soupçonnant qu'il pouvait s'agir de la rencontre
qu'elle avait faite quelques jours auparavant et se rendant
compte du danger que couraient ses compatriotes, Mme Masson
très courageusement s'avança, répéta ce qu'elle avait dit et
affirma qu'en le disant elle était de bonne foi. Immédiatement
saisie, elle fut contrainte de s'asseoir sur un banc, à côté du
jeune Dime, âgé de vingt-quatre ans, qui avait été pris au
hasard comme seconde victime. Toute la population demandait
grâce pour l'infortunée, mais les Allemands furent inflexibles.
« Un homme et une femme, dirent-ils, doivent être fusillés.
Tel est l'ordre du colonel. Que voulez-vous? C'est la guerre. »
Huit soldats, placés sur deux rangs, firent alors feu à trois
reprises sur les deux martyrs, en présence de tout le village.
La maison du beau-père de Mme Masson fut ensuite livrée aux
flammes. Celle du sieur Blanchin avait été incendiée quelques
instants auparavant.....

Ce n'est là qu'un bien petit nombre des attentats
commis par les Boches dans les communes libérées de
Meurthe-et-Moselle.

Combien d'autres, dans ce département même, combien

encore dans toutes les régions de France qui furent piéti-
nées par la Bête allemande, combien dans la malheureuse
Belgique, combien sur terre et sur mer !

La simple énumération de tous ces crimes, la seule liste
de toutes les victimes rempliront de gros volumes. Ces
volumes seront écrits, et plusieurs le sont déjà, non par
des écrivains sans mandat, mais par des Commissions offi-
cielles d'enquête. Et ces formidables réquisitoires pèseront
sur l'Allemagne aussi longtemps que dans le monde
demeurera une conscience morale.

Mais ces livres resteront enfermés dans les bibliothèques.
Seuls les historiens les consulteront.

Il s'agit d'extraire de ces documents quelques-uns des
faits essentiels établis par ces Commissions, quelques-uns
des crimes caractéristiques de la « Kultur » et de les
grouper en une brochure de lecture facile, destinée au
grand public.

Il s'agit de répandre par centaines de milliers d'exemplaires cette brochure en France d'abord, dans les pays
neutres ensuite.

Il s'agit de faire cela non pas demain, mais aujourd'hui.

La *Ligue du Souvenir* se propose cet objet, cet objet
limité, et rien d'autre. Son effort doit être immédiat, mais
son champ d'action est immense. Elle n'aura de frais que
ceux, réduits au strict minimum, d'impression et d'en-
voi (¹).

(1) Voir page 41.

Elle fait appel aux souscriptions de tous ceux qui
veulent simplement ceci : que les honnêtes gens soient
avertis.

Les hommes pardonneront ensuite à la Bête allemande
s'ils le veulent et quand ils le voudront : ils lui pardonneront sans conditions ou aux conditions qu'ils auront
fixées, mais *il faut d'abord qu'ils connaissent la vérité.*

L. M.

LA « LIGUE DU SOUVENIR »

SA devise :

« *Les hommes pardonneront à la Bête allemande s'ils le veulent et quand ils le voudront;
ils lui pardonneront sans conditions ou aux conditions qu'ils auront fixées; mais* il faut d'abord
qu'ils connaissent la vérité. »

SON but :

« *Extraire des rapports officiels des commissions d'enquête quelques-uns des faits essentiels, quelques-uns des crimes caractéristiques de la
Kultur, grouper ces faits en une brochure de lecture facile, destinée au grand public, et répandre
cette brochure — non demain, mais aujourd'hui —
par centaines de milliers d'exemplaires, en France
d'abord, chez les peuples neutres ensuite.* »

Son Comité de patronage :

1° MM. *les Maires des chefs-lieux des départements sur le territoire desquels des crimes ont été commis : Belfort, Épinal, Nancy, Bar-le-Duc, Château-Thierry (pour Laon), Châlons-sur-Marne, Melun, Beauvais, Amiens, Arras, Dunkerque (pour Lille)*;

2° *MM. les Maires des principales cités martyres : Saint-Dié, Baccarat, Badonviller, Lunéville, Gerbéviller, Nomeny, Pont-à-Mousson, Verdun, Clermont-en-Argonne, Sermaize, Reims, Senlis, Albert, etc.*

Son Comité d'action :

MM. L. MIRMAN, Préfet de Meurthe-et-Moselle;

SIMON, Maire de Nancy;

KELLER, Maire de Lunéville.

(Adresser les souscriptions au Trésorier, M. MARC, notaire, 20, rue Saint-Dizier, Nancy; la correspondance, à M. L. MIRMAN ou à M. BERTIN, instituteur, Secrétaire de la Ligue, à la Préfecture de Nancy.)

TABLE DES MATIÈRES

NANCY. IMPRIMERIE BERGER-LEVRAULT — SEPTEMBRE 1916

Prix : 1 franc